Hello Pearl!

Now that I have your attention...

# STOP!!!

...and find the closest mirror to you

Once you're there
look yourself directly in the eyes and say out loud...

YES!
Right
now

Repeat at least (3) times!

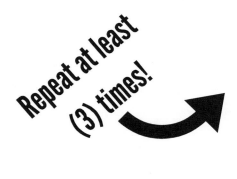

I AM BEAUTIFUL

I AM GROWING

I LOVE ME!

Remember to be BOLD with it....
you are AFFIRMING your self.
Ready to begin?

Pink Pearl
NATURALS

# *I am...*  Not Regular

# *I am...* Resilient

# I am... A Daughter of The King

# I am...    Remarkable

# I am... Audacious

# I am... Passionate

# *I am...* Trustworthy

# I am...                Zealous

# $\mathcal{I}$ am... Diligent

# *I am...* Polished

Pink Pearl
NATURALS

# *I am...* Strength

# I am...      Kind

# *I am...* Unapologetically Me

# I am...   Positive

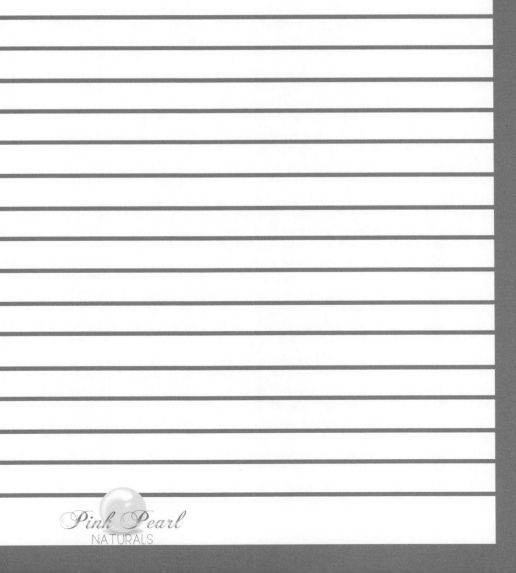

# I am...          Gifted

# *I am...* A Change Agent

# I am... Humble

# I am...    Transparent

# I am... Loved

# *I am...*     A Survivor

_____
_____
_____
_____
_____
_____
_____
_____
_____
_____
_____
_____
_____
_____
_____
_____
_____
_____
_____
_____
_____
_____
_____
_____
_____
_____
_____
_____
_____
_____
_____
_____

# I am... At Peace

# I am...     Devoted

# *I am...*  Caring

# *I am...* Secure

# *I am...*     Marvelous

# I am... Fierce

# *I am...* Enthusiastic

# *I am...* Dedicated

# *I am...*      Happy

# *I am...* Breathtaking

_____
_____
_____
_____
_____
_____
_____
_____
_____
_____
_____
_____
_____
_____
_____
_____
_____
_____
_____
_____
_____
_____
_____
_____
_____
_____
_____
_____
_____
_____

# I am... Unbreakable

# I am... Victorious

# I am... Faithful

# I am...          Love

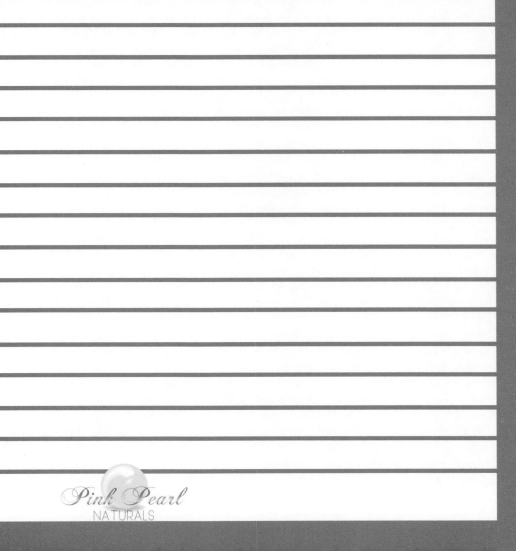

Pink Pearl
NATURALS

# I am...                    Growing

Pink Pearl
NATURALS

# I am...    Wonderful

# $\mathcal{I}$ am...     Awesome

# *I am...*      Favored

# *I am...* Luminous

# $\mathcal{I}$ am...  Blessed

Pink Pearl
NATURALS

# $\mathcal{I}$ am...     Stunning

# *I am...* A Friend

# I am... Dazzling

# I am... A Light

# I am... A Worshipper

# *I am...*     Incredible

# I am...    Strong

# I am... Radiant

# I am... Beautiful

# *I am...* Compassionate

# I am... Unique

# $\mathcal{I}$ am...    A Woman

# I am... Intelligent

# $I$ $am...$ Adventurous

# *I am...* Faithful

# I am...    Gorgeous

# I am... Loyal

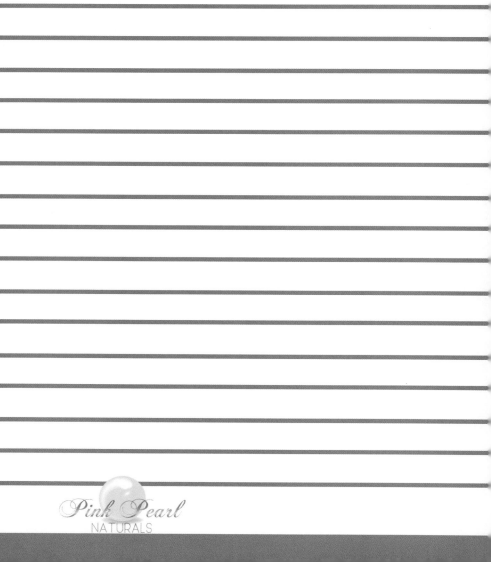

# *I am...* Successful

# *I am...* Daring

# *I am...*      A Queen

Pearl,
Don't forget to refer back
to the first page as much
as you need and reaffirm yourself!

Pink Pearl
NATURALS

# I am... Delicate

# I am... Brilliant

# *I am...* Charismatic

# I am... A Gem

# *I am...* Life

# $\mathcal{I}$ am...    An Overcomer

# *I am...* Precious

# $\mathcal{I}$ am...    Committed

# $\mathcal{I}$ am...                    Loving

# I am... Poetic

# *I am...* My Sisters Keeper

# I am... Talented

# *I am...* Golden

# *I am...* Proud of Myself

# *I am...* Fearless

# I am...     Royalty

# *I am...*        Whole

# I am... Bold

# *I am...* The Head

# I am... Constant

# I am... Desirable

# I am... Elegant

# I am... Brave

# I am...    Empowered

# *I am...* Restored

# I am... Triumphant

# *I am...* Charming

# I am... Smart

_____

_____

_____

_____

_____

_____

_____

_____

_____

_____

_____

_____

_____

_____

_____

_____

_____

_____

_____

_____

_____

_____

_____

_____

_____

# $\mathcal{I}$ am... Fantastic

# I am...    A Winner

# $I\ am...$     Nurturing

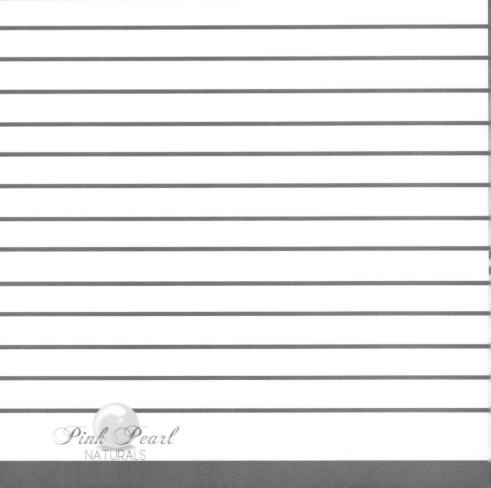

# I am... Lovely

# *I am...* Courageous

# I am... Talented

# *I am...* Excellent

# I am...      Bright

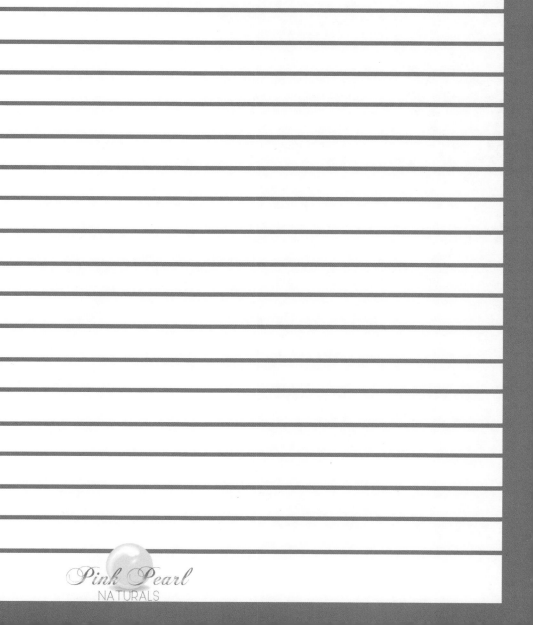

# I am...          Graceful

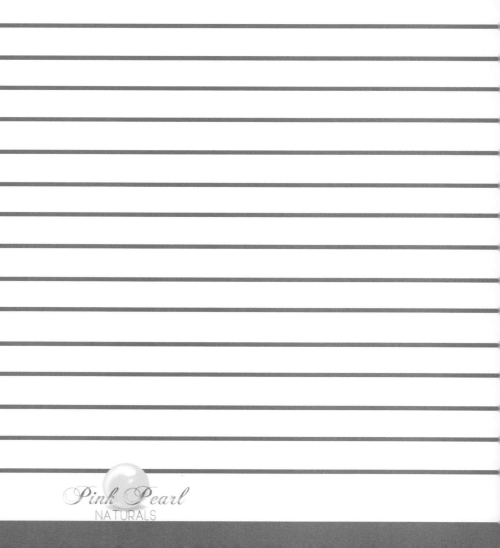

*Pink Pearl*
NATURALS

# I am... Caring

# *I am...*      Perfect

# *I am...*   Independent

# I am... Great

# I am... Inspirational

# I am... Anew

Pink Pearl
NATURALS

# $\mathcal{I}$ am...          Divine

# I am... Outstanding

 *I am...*       Wise

# *I am...* A Lover

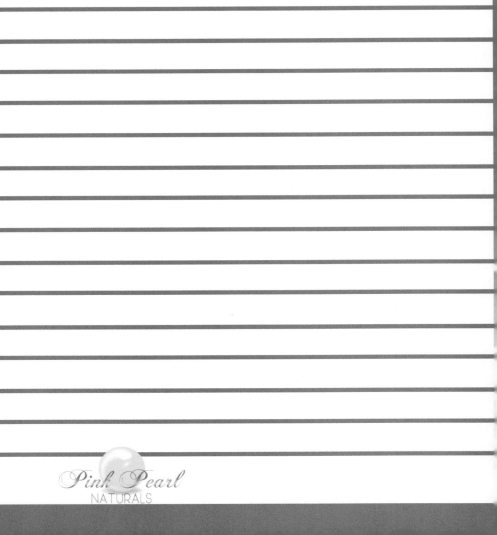

# I am... Outspoken

# *I am...* Amazing

# I am... Trustworthy

# *I am...*          A Beauty

# $\mathcal{I}$ am...    Confident

# *I am...* A Leader

# $\mathcal{I}$ am... Powerful

# *I am...*                    Healed

# $\mathcal{J}$ am... More Than Enough

# *I am...*     I'm A Pearl!

*Pink Pearl*
NATURALS

*I am...*

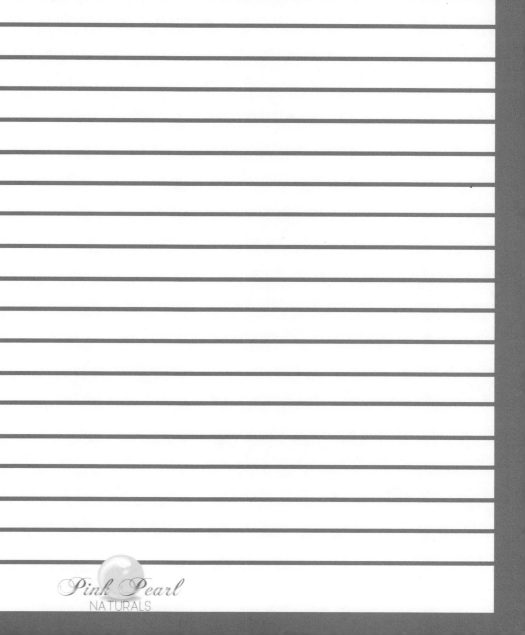

# I am...

# I am...

# I am...

# I am...

Pink Pearl
NATURALS

# I am...

# I am...

# I am...

# *I am...*

Pink Pearl
NATURALS

# *I am...*

Pink Pearl
NATURALS

# I am...

Pink Pearl
NATURALS

# I am...

# I am...

# I am...

# $\mathcal{I}$ am...

# I am...

Pink Pearl
NATURALS

# $\mathcal{I}$ am...

# I am...

# I am...

# I am...

_I am..._

Made in the USA
Columbia, SC
07 February 2018